Inhalt

Die geplante Mehrwertsteuererhöhung - Erwartungen und Prognosen

Kernthesen

Beitrag

Fallbeispiele

Weiterführende Literatur

Impressum

GENIOS WirtschaftsWissen Nr. 10/2006 vom 05.10.2006

Die geplante Mehrwertsteuererhöhun - Erwartungen und Prognosen

I.Lukmann

Kernthesen

- Der Bund erwartet durch eine Erhöhung der Mehrwertsteuer von 16 auf 19 Prozent für das Jahr 2007 Mehreinnahmen von rund 24 Milliarden Euro.
- Die Mehreinnahmen des Bundes werden zur Konsolidierung der Haushalte und zur Verringerung der Lohnnebenkosten verwendet. (7)
- Ein im Internet veröffentlichter Preismonitor des Statistischen

Bundesamtes informiert Verbraucher, wie sich die Preise für gängige Produkte in den nächsten Monaten entwickeln werden. (1), (3), (8)

Beitrag

Die zum 01. Januar 2007 geplante Mehrwertsteuererhöhung von 16 auf 19 Prozent wird sowohl bei Verbrauchern als auch bei der deutschen Wirtschaft mit gemischten Gefühlen erwartet.

So zeigt die GfK (Gesellschaft für Konsumforschung) in ihrem Konsumklima auf, dass die Konsumstimmung der Verbraucher derzeit sehr positiv ist. Im Juni 2006 zeigte das GfK-Konsumklima beispielsweise einen Anstieg von 6,8 Zählerpunkten auf. Die steigende Konsumbereitschaft führt das Institut jedoch auf die so genannten Vorzieheffekte und nicht auf ein besseres Konsumklima zurück. Dies bedeutet, dass viele Verbraucher einige Anschaffungen aufgrund der anstehenden Mehrwertsteuererhöhung noch in diesem Jahr tätigen möchten. (6)

Der Bund erwartet mit der Umsetzung der Mehrwertsteuererhöhung steigende Steuereinnahmen. 2007 sollen, laut

Steuerschätzungen des Bundesministeriums der Finanzen (BMF), die Steuereinnahmen im Vergleich zum Vorjahr um 6,1 Prozent ansteigen. Hiervon sollen etwa 24 Milliarden Euro (von 28,5 Milliarden Euro) aufgrund der Erhöhung der Mehrwertsteuer eingenommen werden.

Inhalte des Haushaltsbegleitgesetzes

Die Mehrwertsteuererhöhung ist ein wesentlicher Bestandteil des so genannten Haushaltsbegleitgesetzes. Die durch das Gesetz getätigten Steuereinnahmen sollen dazu beitragen, das Maastricht-Defizit für das Jahr 2007 auf 2,5 Prozentpunkte zu senken. In den Folgejahren soll das Defizit auf 2,0 Prozentpunkte in 2008 und 1,5 Prozentpunkte in 2009 verringert werden. Das Haushaltsbegleitgesetz sieht außerdem eine Erhöhung der Versicherungssteuer und eine Kürzung des Weihnachtsgeldes von Bundesbeamten vor. Ferner werden die staatlichen Zuschüsse für den Personennahverkehr auf Länderebene und für Krankenkassen gekürzt.

Die Mehreinnahmen durch die Mehrwertsteuererhöhung sollen vor allem dazu verwendet werden, die Lohnnebenkosten zu senken. So soll die Arbeitslosenversicherung von 6,5 auf 4,5 Prozentpunkte verringert werden. Außerdem soll ein großer Anteil der Einnahmen zur Sanierung der Haushalte von Bund und Ländern beitragen.

Im Bundestag ist das Haushaltsbegleitgesetz mehrheitlich von 396 Abgeordneten verabschiedet worden. Derzeit sind 614 Abgeordnete im Bundestag, wovon sich 545 an dieser Abstimmung beteiligt haben. Die Zustimmung zur Erhöhung der Mehrwertsteuer ist zudem vom Bundesrat erteilt worden. Im Votum des Bundesrates haben sich fünf Länder der Abstimmung entweder enthalten oder haben das Gesetz abgelehnt. (7)

Effekte der letzten Mehrwertsteuererhöhung 1998

Die letzte Mehrwertsteuererhöhung wurde zum 01. April 1998 umgesetzt. Zu dieser Zeit fand eine Erhöhung um einen Prozentpunkt von 15 auf 16 Prozentpunkte statt. Die deutsche Wirtschaft hat damals die entstehende Differenz von einem Prozentpunkt zu maximal 0,5 Prozentpunkten an ihre Kunden weitergegeben. Die restlichen 0,5

Prozentpunkte sind von den Unternehmen getragen worden. Experten befürchten, dass bei der aktuellen Mehrwertsteuererhöhung die geplanten Mehreinnahmen von 21 Milliarden Euro zu einem Drittel von der deutschen Wirtschaft finanziert werden sollen. (2)

Auswirkungen der Mehrwertsteuererhöhung auf die Konjunktur 2007

In einer Gemeinschaftsprognose der sechs führenden Wirtschaftsforschungsinstitute Deutschlands wird für dieses Jahr ein Wachstum von 1,8 Prozent erwartet. Jedoch schätzen die Institute, dass 2007, aufgrund der Mehrwertsteuererhöhung, eine Abschwächung des Wachstums möglich sein könnte. Das anhaltende Wirtschaftswachstum ist nicht nur auf einen ansteigenden Export, sondern auch auf ein Erstarken der Inlandsnachfrage zurückzuführen. Dies belegen Zahlen der KfW-Bankengruppe, die aufzeigen, dass das Fördervolumen im Bereich der Mittelstandsfinanzierung deutlich angestiegen ist. Die konjunkturelle Stabilität wird jedoch für das kommende Jahr nicht ausreichen: Beschäftigung und Wachstum werden durch die

Mehrwertsteuererhöhung geschwächt werden. (5)

Rat der Wirtschaftsweisen

Der Würzburger Ökonom und Wirtschaftsweise Peter Bofinger rät der Bundesregierung, die geplanten drei Prozentpunkte Mehrwertsteuererhöhung auf drei Jahre, zu jeweils einem Prozentpunkt, zu verteilen. Dies würde, seiner Ansicht nach, den derzeit anziehenden Aufschwung in Deutschland auch im kommenden Jahr nicht gefährden. Die Mehreinnahmen des ersten Prozentpunktes würde Bofinger zur Senkung von Sozialausgaben vor allem im Niedriglohnsektor verwenden. Alle Einnahmen der weiteren Prozentpunkte in den Jahren 2008 und 2009 würde Bofinger zur Finanzierung von Reformen der Bundesregierung verwenden.

Auswirkungen der Mehrwertsteuererhöhung auf die Preisstrategie von Unternehmen

Unternehmen sollten aufgrund der Mehrwertsteuererhöhung ihre Preisstrategien neu überdenken. Ein gängiges Problem dabei werden die so genannten Schwellenpreise wie beispielsweise 0,99 Euro oder 199,00 Euro sein. Diese müssen neu kalkuliert werden, da auf diese Preise nicht einfach die Erhöhung von drei Prozentpunkten aufgeschlagen werden kann. Die Anwendung der Strategie der Schwellenpreise würde bei einer solchen Erhöhung wirkungslos werden. (2)

Fallbeispiele

Die Mehrwertsteuererhöhung hat, laut Deutsche Post, keine Auswirkungen auf die Preise von Briefen, Päckchen und Paketen. Diese sind so genannte Universaldienstleistungen der Deutschen Post. Universaldienstleistungen der Deutschen Post sind Mehrwertsteuerfrei. Die Entscheidung über eine Erhöhung der Preise für Sendungen von Geschäftskunden steht jedoch noch aus. (4)

Das Statistische Bundesamt hat einen so genannten Preismonitor im Internet veröffentlicht. Die Daten werden von Mitarbeitern des Statistischen Bundesamtes in etwa 40 000 Geschäften in Deutschland erhoben. Hierdurch können

Verbraucher sich über anstehende Preisentwicklungen nach der Erhöhung der Mehrwertsteuer informieren. So werden beispielsweise die Preisentwicklungen der am häufigsten nachgefragten Produkte angezeigt: Hierunter beispielsweise Schokolade, Autoreparaturen oder die Kostenentwicklung einer Einbauküche. Die Grafiken sollen Verbrauchern die Auswirkungen der Steuererhöhung transparent machen. Denn der Preismonitor gibt die Preise zum Beispiel pro Gramm an, sodass auch eine versteckte Preiserhöhung durch eine verkleinerte Packungsgröße angezeigt wird. Auch eine Veränderung der Qualität von Produkten wird in den Beobachtungen berücksichtigt. (3)

Weiterführende Literatur

(1) Statistisches Bundesamt: Noch besteht Uneinigkeit darüber, wie die Wirtschaft mit der Kostensteigerung umgehen wird
Mehrwertsteuererhöhung treibt Inflation um bis zu 1,4 Punkte in die Höhe
aus Die SparkassenZeitung, 07.04.2006, Nr. 14, S. 4

(2) Widrat, Susanne, Keine Kunden verlieren, Händler und Dienstleister sollten schon jetzt die Weichen stellen für die Erhöhung der Mehrwertsteuer zum Jahreswechsel. Mehrwertsteuer-Erhöhung, Impulse,

01.09.2006, S. 64
aus Die SparkassenZeitung, 07.04.2006, Nr. 14, S. 4

(3) Preismonitor im Netz
aus Lebensmittel Zeitung 32 vom 11.08.2006 Seite 040

(4) Briefe, Päckchen und Pakete der Deutschen Post (DP) werden für Privatkunden durch eine Mehrwertsteuererhöhung im nächsten Jahr nicht teurer.
aus KEP-Nachrichten Nr.33 vom 18.August 2006

(5) Die vier gefährlichen Preistreiber im Warenkorb Noch ist die Teuerung zahm. Doch Ölpreise, Mehrwertsteuererhöhung, steigende Erzeugerkosten und Lohndruck erregen die Besorgnis der EZB. INFLATION
aus Börse Online vom 27.07.2006, Seite 53

(6) SCHLAGZEILEN DER WOCHE Erhöhung der Mehrwertsteuer führt zu Vorzieheffekten
aus werben & verkaufen Nr. 22 vom 01.06.2006 Seite 018

(7) O.V., Bundesrat stimmt Mehrwertsteuererhöhung zu, aktiencheck.de
aus werben & verkaufen Nr. 22 vom 01.06.2006 Seite 018

(8) Mehrwertsteuer treibt Inflation
aus LEBENSMITTEL PRAXIS NR. 008 VOM 21.04.2006 SEITE 071

Impressum

Die geplante Mehrwertsteuererhöhung - Erwartungen und Prognosen

Bibliografische Information der deutschen Nationalbibliothek

Die Deutsche Nationalbibliothek verzeichnet diese Publikation in der deutschen Nationalbibliografie; detaillierte bibliografische Daten sind im Internet über http://dnb.d-nb.de abrufbar.

ISBN: 978-3-7379-1745-2

© 2015 GBI-Genios Deutsche Wirtschaftsdatenbank GmbH, Freischützstraße 96, 81927 München, www.genios.de

Alle Rechte vorbehalten. Dieses Werk ist einschließlich aller seiner Teile – z.B. Texte, Tabellen und Grafiken - urheberrechtlich geschützt. Jede Verwertung außerhalb der Grenzen des Urheberrechtsgesetzes bedarf der vorherigen Zustimmung des Verlags. Dies gilt insbesondere auch für auszugsweise Nachdrucke, fotomechanische

Vervielfältigungen (Fotokopie/Mikroskopie), Übersetzungen, Auswertungen durch Datenbanken oder ähnliche Einrichtungen und die Einspeicherung und Verarbeitung in elektronischen Systemen.